LE JOUR OU TA NOUVELLE VIE COMMENCE

Yvon Atonga

LE JOUR OU TA NOUVELLE VIE COMMENCE

Deviens ce que tu veux être en 7 étapes simples et concrètes

Avis de non-responsabilité

Chers lecteurs, les informations présentées dans ce livre sont uniquement destinées à des fins d'éducation et de connaissance. Tous les efforts ont été faits pour garantir l'exactitude de ces informations, leurs fiabilités et leurs sources après vérification.

Les informations ci présentes ne sauraient en aucun cas se substituer aux avis des spécialistes et l'auteur décline toute responsabilité quant à la mauvaise interprétation de ces informations

Sommaire

PREAMBULE : TRANSFORMEZ VOTRE VIE EN 7 ÉTAPES

Yvon Atonga, l'auteur de ce livre, n'est pas un étranger aux défis de la vie. Il n'est pas né avec une cuillère en argent, n'a pas grandi dans un quartier privilégié, et n'a pas bénéficié d'une éducation financière de haut niveau. Au contraire, il a été façonné par une histoire de vie qui aurait pu le maintenir dans les limites de la survie quotidienne. Mais au lieu de cela, il a choisi de se battre, d'apprendre, de persévérer, et de réussir.

Né à Brazzaville, au Congo, en 1977, Yvon a fait ses premiers pas en France à l'âge de huit mois. Il a grandi en banlieue parisienne, dans un environnement où les obstacles semblaient innombrables. Une famille nombreuse, deux femmes dans le ménage, et des conditions de vie précaires n'ont pas entravé son rêve d'une vie meilleure. Au contraire, ces circonstances ont allumé la flamme de la détermination qui brûlait en lui depuis toujours.

La vie dans un appartement exigu où 14 personnes partageaient des lits superposés aurait pu décourager n'importe qui. Mais pas Yvon. Il a nourri une soif ardente de réussite, un désir ardent de s'élever au-dessus des défis, de sortir du quartier et de devenir financièrement indépendant. C'est ainsi qu'a commencé son voyage vers l'entrepreneuriat et l'investissement.

Il n'avait aucune connaissance préalable en matière de création d'entreprise, mais sa soif de réussite l'a poussé à chercher des opportunités et à apprendre. Il a suivi une formation, créé des entreprises en France et au Congo, et a investi dans l'immobilier. Aujourd'hui, il possède plusieurs biens immobiliers et des entreprises prospères dans les deux pays. Comment a-t-il fait ? C'est ce que ce livre vous révélera.

L'histoire de Yvon Atonga est un exemple vivant que la transformation personnelle est possible, peu importe d'où vous venez ou les défis auxquels vous êtes confrontés. C'est une histoire de détermination, d'éducation financière, de persévérance et de succès.

Ce livre, basé sur son expérience personnelle, vous guidera à travers une méthode en 7 étapes pour transformer vos rêves en réalité. Vous découvrirez comment surmonter les obstacles, briser les limites auto-imposées et créer des habitudes gagnantes qui vous mèneront vers la réussite.

Laissez-vous inspirer par l'histoire de Yvon Atonga et apprenez comment vous aussi pouvez changer votre vie en utilisant ces étapes puissantes. Vous êtes sur le point de découvrir que tout est possible, que vous avez le pouvoir de transformer votre destin, et que le succès durable est à votre portée. Il est temps de passer du rêve à la réalité. Bienvenue dans ce voyage passionnant."Le jour où ta nouvelle vie commence ».

INTRODUCTION

Imaginez-vous en train de vivre la vie de vos rêves, réalisant vos objectifs les plus ambitieux, surmontant les obstacles avec confiance, et atteignant un niveau de succès que vous n'auriez jamais cru possible. Vous avez le pouvoir de changer votre vie, et dans ce livre, je vais vous montrer comment le faire en 7 étapes simples, concrètes, efficaces et puissantes.

Bienvenue dans "Le jour où ta nouvelle vie commence : Deviens ce que tu veux être en 7 étapes simples et concrètes". Ce livre est bien plus qu'un simple guide de développement personnel. C'est un voyage passionnant à travers les principes éprouvés de la psychologie, de la réussite et de la transformation personnelle, qui vous permettront de débloquer votre potentiel, de briser les limites auto-imposées et de créer une vie exceptionnelle.

Au fil des pages, vous découvrirez une méthode claire et concrète en 7 étapes pour atteindre vos objectifs, quels qu'ils soient. Que vous souhaitiez progresser dans votre carrière, améliorer vos relations, réaliser vos rêves financiers, ou tout simplement devenir la meilleure version de vous-même, cette méthode vous guidera sur le chemin du succès.

Je vous partage les clés pour développer une mentalité de gagnant, surmonter les obstacles, gérer votre temps et votre énergie de manière efficace, et créer des habitudes gagnantes qui vous propulseront vers vos objectifs. Vous apprendrez également comment rester motivé(e), discipliné(e) et persévérant(e), même lorsque les défis se présentent, et comment vous relever après un échec.

Ce livre est basé sur des années d'études, d'expérience personnelle et de recherche approfondie sur les meilleures pratiques de réussite. Alors, si vous êtes prêt(e) à transformer votre vie, à réaliser vos rêves et à atteindre vos objectifs, je vous invite à plonger dans les pages de ce livre et à découvrir le pouvoir du changement en 7 étapes. Préparez-vous à un voyage passionnant, transformateur et inspirant, qui vous mènera vers la vie que vous méritez vraiment.

Devenez qui vous êtes vraiment, trouvez votre chemin vers le succès en vous connectant à votre moi profond

La vie est courte, et pourtant nous passons la majorité de notre temps à travailler pour atteindre les objectifs de quelqu'un d'autre, ou à suivre des règles et des normes qui ne nous ressemblent pas. Nous nous conformons à la société et à son modèle, et oublions souvent nos propres rêves, nos aspirations, nos ambitions et nos passions.

Pourtant, chaque individu est unique, avec des talents, des idées et des aspirations qui lui sont propres. Et si nous avions la possibilité de transformer nos rêves en réalité ? Si vous pouviez concrétiser vos projets et vivre une vie qui vous correspond vraiment, comment vous sentiriez vous ?

Aujourd'hui, de plus en plus de gens cherchent à donner un sens à leur vie, à trouver un équilibre entre leurs aspirations professionnelles et leur vie personnelle ; en effet, la réussite ne se mesure plus seulement en termes financiers. Elle peut être aussi la possibilité d'avoir plus de temps pour sa famille, ses amis, ses passions, de réaliser un projet qui nous tient à cœur, de donner du sens à sa vie. Ainsi, pour être en adéquation avec soi-même et se sentir pleinement épanoui, il est indispensable de réussir à se connecter à son "moi" profond, de comprendre qui nous sommes vraiment, ce qui nous fait nous sentir vivre pleinement et accompli.

Assurément les priorités ont changé, et pourtant peu de gens deviennent ce à quoi ils aspirent et réussissent à transformer leurs rêves en réalité ; nous avons donc besoin de nouvelles clés pour ouvrir les portes de notre propre réussite.

Se connecter à son "moi" profond est la première étape du processus, pour atteindre ses objectifs. Pour y arriver, il indispensable d'être en capacité de définir ses objectifs précisément avant de les matérialiser dans ses pensées et de se projeter dans une réalité virtuelle pour qu'elle devienne par la suite une réalité matérielle.

Mais pour définir ses objectifs il faut d'abord se connaître et réussir à se connecter à soi, à sa nature profonde, à ses aspirations premières.

De fait la connaissance de soi vous permettra de vous connecter à votre socle, à vos fondations, pour ensuite définir vos objectifs et bâtir une stratégie, un plan pour les atteindre.

En effet, aucune cible ne peut être atteinte si elle n'existe pas !

Qu'est que c'est le "moi" profond ?

Avez-vous déjà pris le temps de vous poser les questions suivantes : Qui suis-je ? Qu'est-ce que je veux vraiment dans la vie ? Quel est mon rôle sur cette terre ? Si vous n'avez pas encore trouvé les réponses, il est peut-être temps de prendre une pause et de faire une introspection pour découvrir votre "moi" profond.

Le "moi" profond est cette partie de vous-même qui est authentique, vraie et sincère. C'est votre essence, votre nature profonde qui a été étouffée par les règles de la société, les attentes des autres et les croyances limitantes. Trouver son "moi" profond, c'est comme revenir à la maison après une longue absence. C'est retrouver sa boussole intérieure et se connecter à ses aspirations les plus vraies, les plus personnelles.

Pour trouver son "moi" profond, il est essentiel de se replonger dans son enfance. En effet, c'est à cette période de notre vie que nous avons développé nos capacités, nos qualités, nos passions, nos rêves et nos aspirations. C'est aussi à cette période que nous avons commencé à nous conformer aux normes de la société, aux règles imposés par nos parents, à nous soucier du regard des autres et à nous éloigner de notre nature profonde. En retrouvant les souvenirs de notre enfance, nous pouvons comprendre ce qui nous rendait heureux, ce qui nous passionnait et ce qui nous animait.

Mais comment faire pour retrouver son "moi" profond ? Il est essentiel de prendre du temps pour soi, de se poser les bonnes questions, d'écouter ses intuitions, ses émotions, de suivre ses passions, de réfléchir aux activités dans lesquelles on a le plus de capacités et de facilités.

Les domaines dans lesquels c'est un plaisir pour nous de fournir des efforts qui ne paraissent pas en être, et dans lesquels on peut passer des heures et des heures sans se plaindre.

Il est également important de se débarrasser des croyances limitantes qui nous empêchent de nous réaliser, de croire en nous et en nos capacités. Ces croyances peuvent être le résultat de l'éducation, de l'environnement social, de nos propres peurs, ou de la peur du regard des autres. Cela signifie que nous devons apprendre à écouter nos propres besoins et aspirations, et non pas ceux de notre entourage ou de la société en général.

Par exemple, certaines personnes peuvent se rendre compte que leur moi profond est plus doté par un mode de vie simple, plus proche de la nature, alors que la société valorise souvent l'accumulation de biens matériels. D'autres peuvent réaliser que leur moi profond est passionné par la musique ou les arts, mais qu'ils ont mis cette passion de côté en raison des pressions sociales ou familiales pour des études plus traditionnelles.

Pour se connecter à son moi profond, il est donc important de se poser les bonnes questions, de faire une introspection honnête sur ses aspirations et sur les raisons pour lesquelles on veut atteindre certaines choses.

Cela peut être difficile, car nous avons souvent intégré des croyances limitantes qui nous empêchent de croire en nos capacités et nos aspirations profondes. Mais en nous libérant de ces croyances, nous pouvons nous ouvrir à de nouvelles possibilités et à des choix qui nous correspondent vraiment et qui sont en lien avec notre moi profond.

Cela peut impliquer de prendre des risques, de sortir de sa zone de confort, de faire des choix différents de ceux de notre entourage. Mais en nous connectant à notre moi profond, nous pouvons trouver un sens plus profond à notre vie et réaliser nos rêves les plus chers.

La recherche de notre moi profond peut également se faire à travers nos parents. En effet, nos parents ont un rôle important dans notre vie, non seulement pour nous éduquer et nous aider à grandir, mais aussi pour nous donner un aperçu de qui nous étions en tant qu'enfant. Nos parents peuvent nous aider à comprendre nos goûts, nos intérêts et nos aspirations à un jeune âge, et ainsi nous aider à mieux nous connaître.

Par exemple, si vos parents se souviennent que vous aimiez dessiner ou jouer de la musique lorsque vous étiez enfant, cela peut indiquer une passion artistique que vous avez peut-être perdue en grandissant. Si vous aimez explorer la nature ou jouer à des jeux de plein air, cela peut indiquer une passion pour l'aventure et l'exploration.

En demandant à vos parents de partager leurs souvenirs de votre enfance, vous pouvez en apprendre davantage sur vos intérêts et vos passions passées, et peut-être retrouver cette étincelle qui vous a fait vibrer autrefois. Cela peut vous aider à vous connecter à votre moi profond et à retrouver une partie de vous que vous avez peut-être perdue en cours de route.

L'objectif de cette introspection et de ces questionnements, est de réussir à être aligné avec soi-même, c'est-à-dire être en accord avec ses valeurs, ses aspirations et ses choix de vie. Pour cela, il est essentiel d'apprendre à s'écouter, à faire confiance à son intuition et à se reconnecter avec ses émotions.

Il est également important de prendre conscience de ces croyances limitantes afin de les dépasser pour s'autoriser à rêver grand.

En conclusion, trouver son "moi" profond est la première étape avant de définir ses objectifs, de mettre en place un plan et une stratégie pour réaliser ses rêves et atteindre la réussite. En se connectant à son "moi" profond, on peut découvrir sa mission de vie, son rôle sur cette terre et les actions à entreprendre pour réaliser ses rêves. Cela peut parfois être effrayant, car cela implique de sortir de sa zone de confort, de se donner les moyens, de prendre des risques et de se confronter à ses peurs. Mais en suivant son "moi" profond, on peut trouver un sens à sa vie, une raison d'être, et une source de bonheur profond.

Quel est la différence entre son "moi" profond et sa personnalité ?

Le moi intérieur est notre essence, notre être profond, il est ce qui nous définit et nous guide tout au long de notre vie. C'est notre nature authentique, notre instinct, notre intuition, nos aspirations et nos valeurs. Il s'agit d'une partie de nous-mêmes qui préexiste à notre naissance et qui reste conservée tout au long de notre vie. Le moi intérieur est donc notre guide pour trouver notre place dans le monde, pour découvrir notre mission de vie et pour réaliser notre plein potentiel.

En revanche, la personnalité est une construction sociale qui est influencée par notre environnement, notre éducation, notre culture, notre histoire personnelle et nos expériences de vie. Elle est donc plus ou moins malléable et évolutive au cours du temps. La personnalité se compose de nos traits de caractère, de nos comportements, de nos émotions et de nos attitudes.

La différence entre le moi intérieur et la personnalité est donc que le premier est quelque chose d'inné, de naturel et de constant, tandis que la personnalité est plus activée par l'extérieur et peut varier au cours de notre vie. C'est pourquoi il est important de prendre le temps de se reconnecter à son moi intérieur pour découvrir sa véritable nature et être en harmonie avec soi-même, plutôt que de se concentrer sur la construction d'une personnalité qui ne serait pas en adéquation avec notre véritable être.

Comment combattre ses croyances limitantes ?

Les croyances limitantes sont des pensées ou des idées que nous avons intégrées et qui ne nous permettent pas de réaliser notre plein potentiel. Elles sont souvent le résultat de notre éducation, de notre environnement culturel, des expériences négatives passées ou des messages répétés par la société.

Pour identifier ces croyances, il est important de prêter attention à nos pensées et nos comportements. Il faut écouter les pensées négatives qui nous limitent et qui nous évitent d'agir. Par exemple, si vous avez peur de l'échec et que cela vous empêche de prendre des risques, cela peut être lié à une croyance limitante sur l'importance de la réussite et l'impact de l'échec sur votre vie.

En réalité l'échec n'existe pas, il est juste le prix de l'apprentissage, chaque difficulté doit nous permettre d'apprendre et de comprendre ce qui n'a pas fonctionné pour ne pas recommencer les même erreurs et devenir une meilleur version de nous-même.

Une autre méthode pour identifier les croyances limitantes consiste à regarder les schémas répétitifs dans notre vie. Si vous avez tendance à toujours faire les mêmes erreurs ou à être confronté aux mêmes problèmes, cela peut être dû à des croyances limitantes qui vous empêchent de progresser et de vous remettre en question pour comprendre, apprendre, changer et devenir meilleur.

Devenir meilleur n'est pas une destination, mais une quête constante, on doit systématiquement s'appuyer sur nos expériences pour devenir une meilleure version de nous-même, c'est le rôle de nos échecs.

L'échec traduit l'action, le mouvement, l'ambition alors que l'inaction traduit le statu quo, la défaite, l'abandon.

Il est également important de prendre du recul sur nos propres comportements et de chercher à comprendre d'où ils proviennent. En explorant les raisons derrière nos actions, nous pouvons identifier les croyances qui les motivent.

Une fois que nous avons identifié nos croyances limitantes, nous pouvons commencer à les déplacer. Il est important de remettre en question ces croyances et de trouver des preuves par l'action, qui démontrent qu'elles ne sont pas une fin en soi.

Pour cela nous pouvons nous identifier à des personnes qui ont réussi malgré les mêmes obstacles. Nous devons passer à l'action, créer de nouvelles expériences ou avoir une réflexion sur nos expériences passées qui pourraient contredire ces croyances limitantes.

Ensuite, nous pouvons développer de nouvelles croyances positives dans le but d'atteindre la prochaine étape vers nos objectifs.

ÉTAPE 2

Prendre ses responsabilités pour dépasser ses croyances limitantes

Dans notre société, il est courant de chercher un coupable extérieur pour expliquer nos problèmes ou nos échecs. Nous avons tendance à croire que c'est la faute de notre environnement ou des autres personnes que nous ne sommes pas en mesure d'atteindre nos objectifs ou de réaliser nos rêves. Cette tendance est souvent renforcée par les normes sociales qui encouragent la victimisation et le rejet de la responsabilité personnelle.

En effet, c'est souvent plus facile de trouver des excuses ou des justifications pour nos échecs et notre condition plutôt que de reconnaître notre propre responsabilité dans ces situations. En attribuant la cause de nos difficultés à d'autres personnes ou à des circonstances extérieures, nous évitons de prendre la responsabilité de nos propres choix et actions. Cela nous empêche également de prendre les mesures nécessaires pour améliorer notre situation, car nous avons l'impression que ça ne dépend pas de nous mais des autres.

Et pourtant, accepter notre responsabilité dans nos choix et nos erreurs est une étape clé pour dépasser nos croyances limitantes, car cela nous permet de prendre le contrôle de notre vie et de nos actions. En reconnaissant que nous avons le pouvoir de changer nos comportements et nos attitudes, nous pouvons commencer à développer de nouvelles croyances et de nouvelles habitudes qui nous permettent d'atteindre nos objectifs.

En revanche, si nous continuons à blâmer les autres pour nos problèmes ou nos échecs, nous perdons notre pouvoir personnel et restons coincés dans nos croyances limitantes. En prenant la responsabilité de nos choix et de nos erreurs, nous pouvons apprendre de nos expériences et trouver des moyens de surmonter les obstacles qui se présentent à nous. Ainsi, nous pouvons commencer à croire en nous-mêmes et en nos capacités, dans le but d'atteindre nos objectifs et réaliser nos rêves. En assumant notre responsabilité, nous prenons le contrôle de notre vie et nous devenons les acteurs de notre propre destin. Cela nous offre la liberté de choisir une direction différente pour notre vie et de créer notre propre réalité.

Pourquoi le fait de ne pas prendre nos responsabilités nous empêche-t-il de changer nos croyances limitantes et de progresser vers nos objectifs ?

Si nous ne prenons pas la responsabilité de nos croyances limitantes, nous nous enfermons dans une vision passive de notre vie et de nos choix. Nous croyons que nous sommes impuissants face aux événements et que notre destin est écrit à l'avance. Cette attitude nous empêche d'agir sur notre vie et de prendre des décisions importantes pour la changer.

En effet, lorsque nous ne prenons pas la responsabilité de nos choix et de nos erreurs, nous adoptons une posture de victime et nous attribuons la cause de nos échecs à des facteurs extérieurs sur lesquels nous n'avons pas de prise. Cette attitude nous empêche de changer nos croyances limitantes et de progresser vers nos objectifs car nous sommes convaincus que nous sommes impuissants face à notre environnement. Nous ne prenons donc pas les mesures nécessaires pour changer notre situation et nous vivons notre vie en fonction des décisions prises par les autres, puisqu'il est impossible de changer une chose que l'on ne maîtrise pas.

Comment réussir à se responsabiliser afin de changer ses croyances limitantes en croyances positives ?

Pour se responsabiliser et dépasser nos croyances limitantes, il est important de se remettre en question, d'écouter les autres, d'accepter les critiques constructives et cesser de chercher des excuses et des boucs émissaires à nos échecs. Nous devons également accepter d'apprendre des autres, ouvrir notre esprit et accepter d'être inspirés par des personnes qui ont réussi dans notre domaine d'intérêt afin d'apprendre de leurs expériences.

Le fait de s'inspirer des autres est très bénéfique pour notre développement personnel. En effet, en observant les personnes qui ont réussi dans le domaine qui nous intéresse, nous pouvons apprendre de leurs expériences et éviter de commettre les mêmes erreurs qu'eux. Cela nous permet de gagner du temps en faisant les bons choix, car nous avons déjà une idée de ce qui fonctionne et de ce qui ne fonctionne pas.

De plus, s'inspirer des autres peut également nous motiver. En voyant que d'autres ont réussi malgré les obstacles, nous pouvons nous sentir encouragés à poursuivre nos propres objectifs et découvrir de nouvelles façons de penser.

Au cœur du voyage vers l'amélioration de soi et la transformation personnelle, résident deux piliers fondamentaux : la croyance en soi et la prise de responsabilité. Ces deux éléments agissent en tandem pour créer une dynamique de changement profond et durable.

Croire en soi est bien plus qu'une simple affirmation positive. C'est une conviction profonde en nos propres capacités, en notre valeur intrinsèque et en notre potentiel illimité. D'où l'importance de connaitre son « moi » profond.

En effet, lorsque nous croyons en nous-mêmes, nous ouvrons la porte à de nouvelles opportunités. C'est cette croyance en notre capacité à apprendre, à grandir et à surmonter les défis qui nous propulse en avant.

Cependant, la croyance en soi ne suffit pas à elle seule. Elle doit être accompagnée d'une action intentionnelle. C'est là que la prise de responsabilité entre en jeu. Prendre ses responsabilités signifie reconnaître que nous sommes les artisans de notre propre destin. Cela implique de ne pas se défausser sur les autres ou sur les circonstances, mais de reconnaître notre rôle actif dans chaque aspect de notre vie.

Accepter ses erreurs est un aspect crucial de la prise de responsabilité. Nous ne pouvons pas évoluer si nous ne sommes pas prêts à examiner nos erreurs de près. Lorsque nous admettons nos erreurs, nous faisons bien plus que simplement avouer nos faiblesses. Nous ouvrons la porte à l'apprentissage et à la croissance. Chaque erreur est une leçon, une opportunité d'acquérir une précieuse expérience et de devenir plus sage.

Cependant, l'acceptation des erreurs va de pair avec la nécessité de ne pas se chercher d'excuses. Les excuses sont les boucliers que nous dressons pour nous protéger de la responsabilité. Elles nous empêchent de vraiment comprendre nos actions et leurs conséquences. Lorsque nous nous défaussons sur les autres ou sur les circonstances, nous ne prenons pas le temps de réfléchir aux changements que nous devons apporter.

En acceptant nos erreurs et en prenant la responsabilité de nos actions, nous nous donnons la possibilité de transformer nos croyances limitantes en croyances positives. Nous mettons en place une base solide pour le changement en reconnaissant que nous sommes maîtres de notre propre évolution. Cette démarche exige du courage, mais elle est également libératrice.

En conclusion, changer nos croyances limitantes en croyances positives consiste à changer notre état d'esprit et à croire en notre potentiel. Cela implique de se convaincre que nous sommes capables d'accomplir ce que nous désirons, que nous avons les ressources et les compétences nécessaires pour y parvenir. S'inspirer des autres qui ont réussi est une excellente façon de refléter cette croyance positive en nous-mêmes, car cela nous montre que si d'autres personnes ont réussi dans un domaine donné, nous aussi nous pouvons y arriver. Cela permet de se motiver, de se donner confiance en soi et de croire en ses propres capacités, ce qui est essentiel pour avancer vers ses objectifs.

Néanmoins il est important de comprendre que changer nos croyances limitantes en croyances positives est un processus qui peut prendre du temps. Cela implique de remettre en question des croyances ancrées en nous depuis longtemps et de les remplacer par de nouvelles croyances qui nous permettront de nous développer. Ce n'est pas un processus qui se fait du jour au lendemain, mais plutôt un cheminement sur le long terme.

Pour y parvenir, il est important de prendre conscience de nos croyances limitantes et de les identifier clairement. Ensuite, il convient de les remettre en question en cherchant à comprendre d'où elles viennent et quand nous les avons adoptées. Ensuite, il s'agit de les remplacer par des croyances positives qui nous permettent de nous épanouir et d'atteindre nos objectifs.

Cela nécessite de la patience, de la persévérance et de l'engagement. En fin de compte, c'est un travail sur soi qui permet de se libérer des blocages et des limitations que l'on s'impose afin de se réaliser.

Accepter ses erreurs et prendre ses responsabilités c'est commencer son cheminement vers la réussite et la réalisation de soi. Pendant le processus de changement, Il est important de garder en permanence dans nos pensées notre objectif final, de l'imaginer régulièrement afin qu'il puisse se matérialiser à terme.

ETAPE 3

Le pouvoir du " Pourquoi " : comment rester motivé pendant le processus du changement.

Définir son « pourquoi » c'est à dire, la raison profonde pour laquelle on souhaite atteindre notre objectif, est crucial pour rester motivé et persévérer dans le processus de transformation de ses croyances limitantes en croyances positives. En identifiant la raison profonde de son désir de changement, on se donne une source de motivation forte qui nous permettra de surmonter les obstacles et les moments de découragement qui ne manqueront pas de se présenter.

Il est important que ce "pourquoi" soit personnel et significatif pour nous. Cela peut être un objectif professionnel, une envie de mieux se connaître et s'épanouir personnellement, un désir d'améliorer ses relations avec les autres, ou toute autre chose qui nous tient à cœur. Il est important de prendre le temps de réfléchir à son "pourquoi" et de l'écrire pour pouvoir s'y référer en cas de besoin.

Le « pourquoi" ne doit surtout pas se limiter à une simple quête d'argent, car l'argent est un moyen et non une fin en soi. Le "pourquoi" doit être lié à ce que nous cherchons à réaliser, à notre désir d'accomplissement, à la contribution que nous souhaitons apporter et à notre rêve.

Prenons un exemple : imaginons que des amis souhaitent créer leur propre entreprise. Si leur "pourquoi" est uniquement centré sur l'argent, cela va les conduire à prendre des décisions qui ne sont pas nécessairement en alignement avec leurs valeurs ou leur vision à long terme. Cependant, si leur "pourquoi" est lié à un désir de résoudre un problème, de faire une différence dans la vie des gens, de réaliser une passion, ou de devenir libre financièrement en créant des franchises de leur entreprise alors cela les motive à créer quelque chose de significatif et de durable.

Le "pourquoi" devrait idéalement être matérialisé par des valeurs, des aspirations et des objectifs qui vont au-delà de l'aspect financier. Cela peut impliquer des éléments comme le désir de contribuer positivement à la société, de réaliser un rêve personnel, d'inspirer les autres ou de créer un impact durable. Ces motivations profondes deviennent alors la force motrice derrière nos actions et nos choix.

En fin de compte, le "pourquoi" doit représenter quelque chose qui résonne profondément avec nous, qui a une signification personnelle et qui guide nos actions dans une direction positive et significative. C'est ce qui nous permet de maintenir notre motivation, de persévérer face aux défis et de créer un changement durable dans nos vies.

Imaginez que vous ayez une belle voiture de luxe garée dans votre parking. La voiture est là devant vous, elle est magnifique, mais sans carburant, il est impossible de la démarrer pour aller vers votre objectif. Le « pourquoi » est votre carburant ; sans lui, votre objectif ne peut être atteint.

En effet, la belle voiture représente nos aspirations, nos rêves et nos objectifs. Elle symbolise le potentiel et la beauté de ce que nous voulons accomplir.

Cependant, sans le carburant, qui est notre "pourquoi", cette voiture reste statique, inerte et incapable d'avancer.

Le "pourquoi" agit comme le carburant qui propulse la voiture vers l'avant. C'est notre motivation intrinsèque, notre passion, notre désir profond de réalisation qui nous donne l'énergie nécessaire pour persévérer. Lorsque nous alignons nos actions avec notre "pourquoi", nous avons un sentiment de but et de satisfaction bien plus profond.

C'est ce "pourquoi" qui nous maintient concentrés, engagés et résilients, malgré les hauts et les bas émotionnels, les difficultés et les obstacles lorsqu'ils se dressent sur notre chemin. C'est notre « pourquoi » qui nous aide à persister et à continuer à nous battre pour nos rêves dans les moments difficiles sur le chemin de nos objectifs.

De plus, le "pourquoi" nous permet de rester connectés à nos valeurs et à ce qui compte vraiment pour nous. Cela nous guide dans la prise de décisions et nous encourage à prendre des actions en accord avec nos convictions les plus profondes. Comme le carburant qui alimente la voiture, notre "pourquoi" alimente notre engagement envers nos objectifs et notre vision.

En somme, cette métaphore de la voiture et du carburant nous rappelle que nos objectifs et nos rêves doivent être soutenus par une motivation intrinsèque, un "pourquoi" qui va au-delà des aspects extérieurs. En nourrissant cette motivation intérieure, nous pouvons avancer vers nos objectifs avec intention, passion et un sentiment de réalisation authentique.

Une fois que l'on a défini son "pourquoi", il est important de se fixer des objectifs concrets et mesurables pour atteindre son but. Ces objectifs doivent être réalistes et réalisables, et doivent être adaptés à notre situation personnelle. Ensuite, il est important de suivre sa progression et de se féliciter pour chaque succès, même les plus petits, c'est primordial pour rester motivé et s'encourager dans notre processus de transformation.

En effet, le processus de transformation peut être un voyage long et semé d'embûches. C'est pourquoi il est crucial de reconnaître et de célébrer chaque petite victoire le long du chemin. Ces petites victoires ne sont peut-être pas spectaculaires, mais elles sont essentielles pour maintenir notre motivation et notre engagement envers nos objectifs.

Chaque étape accomplie dans le processus de transformation représente un pas en avant vers notre objectif final. Parfois, les objectifs que nous nous fixons peuvent sembler si éloignés qu'ils en deviennent intimidants. C'est là que les petites victoires entrent en jeu. Lorsque nous célébrons chaque étape, même la plus minime, nous nous offrons un rappel constant de notre progrès et de notre capacité à surmonter les défis.

Ces célébrations ne doivent pas être sous-estimées. Elles renforcent notre confiance en nous-mêmes et renforcent notre conviction que le changement est réalisable. Chaque petite victoire crée un sentiment de satisfaction et une poussée de dopamine dans notre cerveau, ce qui renforce notre motivation intrinsèque à continuer.

De plus, en reconnaissant les petites victoires, nous nous libérons du poids de l'attente d'une seule grande réalisation. Lorsque nous ne nous concentrons que sur un objectif majeur, nous pouvons nous sentir découragés si nous ne l'atteignons pas rapidement. En revanche, en célébrant chaque étape du parcours, nous reconnaissons que chaque petit pas compte et que chacun d'entre eux nous rapproche de notre destination.

Cela aide également à combattre l'épuisement et le sentiment de stagnation. Le chemin de la transformation peut être ardu, et il est facile de se décourager lorsque les résultats ne semblent pas immédiats. Cependant, en célébrant chaque victoire, même si elle semble minime, nous reconnaissons que nous progressons malgré tout.

En fin de compte, la célébration des petites victoires est une stratégie puissante pour maintenir notre motivation et notre engagement tout au long du processus de transformation. Elle nous rappelle que chaque pas compte, que chaque effort est significatif, et que chaque victoire, aussi petite soit-elle, nous rapproche de la réalisation de nos objectifs.

ETAPE 4

Le temps, allié précieux du processus de changement - La patience en action

Faites vos erreurs aujourd'hui pour ne plus les faire demain, semez vos graines aujourd'hui pour en récolter les fruits demain.

Entre la prise de décision, la mise en mouvement et le résultat final, il y a toujours un écart alimenté par l'expérience et la détermination. Cet écart, c'est le temps.

Le temps représente la métrique la plus cruciale dans le processus de changement et de réussite.

Comprendre l'importance de la notion du temps dans sa vie, c'est ouvrir la voie à de multiples possibilités, pour accéder à la réussite et à la réalisation de son moi profond.

En effet, le temps est notre bien le plus précieux. Nous l'utilisons pour apprendre à l'école, puis plus tard, nous l'échangeons contre un salaire.

Le temps qui s'écoule ne peut être récupéré, il file inexorablement tout au long de notre existence. Il nous appartient d'apprendre à l'utiliser au mieux pour notre épanouissement personnel, pour être le plus heureux possible et en harmonie avec nous-mêmes car notre temps de vie est un bien unique qui ne se renouvelle pas, quand il est passé il est impossible de faire marche arrière.

En effet, le temps est une ressource précieuse et limitée qui ne peut jamais être récupérée une fois qu'elle s'est écoulée. Chaque instant qui passe est irrévocable, ce qui signifie que nous ne pouvons pas revenir en arrière pour le revivre ou le réutiliser. C'est pourquoi il est d'une importance capitale d'apprendre à utiliser notre temps de manière judicieuse et réfléchie.

Imaginez le temps comme un flux constant, comme l'eau d'une rivière qui coule sans cesse. Quand l'eau a passé, elle ne peut plus être ramenée en amont. De même, une fois que le temps s'est écoulé, il devient un élément du passé et ne peut plus être modifié. Cette réalité rend notre temps de vie exceptionnellement précieux et unique.

En reconnaissant que notre temps est limité et non renouvelable, nous sommes incités à l'utiliser de manière significative. Cela nous pousse à réfléchir à la manière dont nous investissons nos heures et nos jours. Sommes-nous en train de consacrer notre temps à des activités qui nous rapprochent de nos objectifs, qui nous nourrissent intellectuellement, émotionnellement et spirituellement ? Ou bien sommes-nous en train de le gaspiller dans des actions sans valeur, des distractions inutiles ou des situations néfastes ?

Le choix nous appartient de décider comment nous voulons investir notre temps de vie précieux. Cela peut signifier poursuivre nos passions, passer du temps avec nos proches, contribuer à des projets significatifs, apprendre de nouvelles compétences ou simplement cultiver notre bien-être mental et physique. En comprenant que chaque instant compte, nous sommes encouragés à faire des choix qui correspondent à nos valeurs et à nos aspirations profondes.

En fin de compte, l'acceptation de la nature irrévocable du temps qui passe nous pousse à vivre avec intention et à apprécier chaque moment. Cela nous motive à utiliser notre temps de manière alignée avec nos objectifs et nos rêves. Alors que nous naviguons à travers les eaux du temps, sachons que chaque choix que nous faisons est une graine plantée dans le jardin de notre existence, et que c'est en nourrissant ces graines avec soin que nous créons le paysage de notre vie.

Ceci, contrairement à l'argent qui est un outil, gagné puis perdu, et qui peut être retrouvé. L'argent doit être investi en nous pour apprendre à maximiser l'utilisation de notre temps de vie à des fins personnelles, en vue d'atteindre nos objectifs.

En effet, l'argent est un élément essentiel de nos vies. Il nous permet de répondre à nos besoins matériels, d'investir dans des opportunités et d'améliorer notre qualité de vie. Cependant, il possède une particularité importante : il peut être gagné, perdu et retrouvé. Contrairement au temps, qui une fois passé ne peut être récupéré.

En investissant de l'argent en nous-mêmes, en acquérant des connaissances, en développant de nouvelles compétences et en nous formant, nous pouvons utiliser ces apprentissages pour maximiser notre utilisation du temps que nous avons dans nos vies. En d'autres termes, l'argent bien utilisé peut nous aider à apprendre comment investir notre temps de manière efficace et productive.

Prenons un exemple : en utilisant l'argent pour acheter des livres, des cours en ligne, des séminaires ou des formations, nous investissons dans notre propre éducation. Ces ressources nous offrent la possibilité d'apprendre des autres, de bénéficier de leur expertise et de leurs expériences. Elles nous permettent d'acquérir des compétences et des connaissances qui peuvent accélérer notre processus d'apprentissage et de développement.

En apprenant à gérer notre temps de manière judicieuse grâce à ces connaissances, nous pouvons éviter les erreurs et les écueils que d'autres ont rencontrés. Nous pouvons apprendre à prioriser, à organiser nos tâches et à optimiser notre emploi du temps pour qu'il soit en accord avec nos objectifs. En investissant dans notre éducation et notre développement personnel, nous obtenons un retour sur investissement sous la forme d'une utilisation plus efficace de notre temps.

Néanmoins, il est important de noter que l'argent seul ne peut pas garantir le succès. Il doit être utilisé de manière stratégique pour acquérir les compétences et les connaissances nécessaires, mais c'est notre détermination, notre effort et notre persévérance qui transforment ces ressources monétaires en résultats concrets. C'est la combinaison de l'argent investi intelligemment et du temps investi avec engagement qui permet de créer des changements significatifs dans nos vies.

En somme, l'argent peut être un outil puissant pour nous aider à apprendre à utiliser notre temps de manière plus productive et à atteindre nos objectifs. En investissant en nous-mêmes et en utilisant judicieusement nos ressources financières pour acquérir des connaissances et des compétences, nous pouvons transformer notre temps en une ressource précieuse et bien utilisée. Cela nous permet non seulement de réaliser nos rêves, mais aussi de vivre une vie plus épanouissante et en adéquation avec notre "pourquoi" profond. Agir le plus tôt possible, commettre des erreurs et en tirer des leçons, nous permet d'acquérir de l'expérience rapidement. Comprendre les mécanismes de notre domaine le plus tôt possible, pour ensuite les mettre en œuvre au service de notre "pourquoi", nous permet de gagner du temps positif pour nous-mêmes et non plus pour les autres.

Seulement, tout cela prend du temps. Il est donc essentiel d'apprendre à être patient tout en cherchant à accumuler du temps positif pour soi. Tout ne se réalisera pas du jour au lendemain, c'est un processus qu'il faut comprendre et accepter, une expérience à vivre pour réussir et transformer ses rêves en réalité.

En effet, dans le monde moderne, où nous sommes habitués à des gratifications instantanées et à des résultats rapides, il peut être difficile de cultiver la patience nécessaire pour des processus plus longs. Pourtant, il est crucial de réaliser que la plupart des réalisations significatives prennent du temps pour se concrétiser.

Imaginons que chaque étape de votre parcours soit une brique posée pour construire un édifice solide. Chaque brique représente un petit progrès, une petite victoire, une nouvelle compétence acquise ou une nouvelle habitude adoptée. Il est essentiel de comprendre que la construction de quelque chose de durable et significatif nécessite la pose méthodique de ces briques, une par une.

Le processus de transformation et d'atteinte d'objectifs est comme un voyage à travers un paysage inexploré. Au fur et à mesure que vous avancez, vous découvrez de nouvelles perspectives, vous apprenez des leçons précieuses et vous gagnez en expérience. Chaque étape, chaque moment de frustration, chaque échec temporaire est une opportunité d'apprentissage qui vous rapproche un peu plus de votre destination.

La patience n'est pas simplement l'absence d'impatience, mais plutôt une attitude proactive de compréhension et d'acceptation. Cela signifie embrasser les hauts et les bas du processus, sachant que chaque étape a sa propre valeur. Les moments où les choses semblent stagner ou se compliquer ne sont pas des signes d'échec, mais des invitations à persévérer avec détermination.

La patience ne signifie pas non plus rester immobile ou inactif. Au contraire, elle implique de continuer à travailler avec diligence et constance, même lorsque les résultats tardent à se manifester. C'est une discipline qui consiste à garder les yeux sur l'objectif final tout en étant ouvert aux ajustements et aux leçons en cours de route.

En développant la patience, vous cultivez également la résilience. Vous apprenez à gérer les défis avec grâce et à voir les revers comme des opportunités d'apprendre et de grandir. Cela vous permet de rester motivé même lorsque les choses prennent plus de temps que prévu, car vous comprenez que chaque pas en avant, aussi petit soit-il, est une avancée vers votre objectif.

En somme, la patience est le compagnon fidèle du processus de changement et d'accomplissement. Elle vous permet d'embrasser le voyage avec sérénité, de savourer chaque petite victoire et de persévérer même lorsque les obstacles se dressent sur votre chemin. En développant cette qualité, vous vous armez d'une force intérieure qui vous guide vers le succès, tout en honorant le temps qui vous mène à réaliser vos rêves. Tout ce qui se crée ou se cultive nécessite un processus : semer, réfléchir, arroser, améliorer, avant d'être finalement créé ou récolté. Cela requiert de la patience.

La poursuite de ses objectifs et le chemin vers le succès sont construits sur des fondations similaires à celles de la patience, du travail acharné et de l'apprentissage constant.

Imaginez-vous en train de construire une structure solide. Chaque étape que vous entreprenez, chaque action que vous effectuez, chaque décision que vous prenez est une pierre angulaire de cette structure. Pour obtenir des résultats significatifs, il est essentiel d'adopter une approche proactive et systématique.

L'action est la première pierre de cette fondation. Rien ne peut être réalisé sans prendre des mesures concrètes. Cependant, il est important de comprendre que chaque action ne mènera pas nécessairement à un résultat immédiat et fructueux. Certaines actions peuvent sembler ne pas produire de résultats immédiats, mais elles contribuent néanmoins à la construction globale de votre succès.

Les erreurs, souvent perçues de manière négative, sont en réalité des opportunités d'apprentissage. Elles sont comme des points de repère sur la route du succès, vous montrant ce qui fonctionne et ce qui ne fonctionne pas. En analysant vos erreurs et en en tirant des enseignements, vous affinez votre approche et vous prenez de meilleures décisions à l'avenir.

L'apprentissage, qu'il soit issu de l'expérience personnelle ou de celle des autres, est un élément clé. Il vous permet de comprendre les tenants et les aboutissants de votre domaine d'objectif, d'acquérir de nouvelles compétences et d'explorer des approches innovantes. Apprendre des autres vous permet également d'éviter les erreurs déjà commises, accélérant ainsi votre propre parcours.

L'application pratique des méthodes et des connaissances acquises est l'étape suivante. C'est ici que le vrai changement se produit. En mettant en pratique ce que vous avez appris, vous évoluez et progressez vers vos objectifs. Chaque application vous rapproche de l'efficacité et de la maîtrise.

La patience joue un rôle crucial à chaque étape. Le succès durable n'est pas instantané, il demande du temps et des efforts constants. La patience vous aide à rester concentré sur votre objectif même lorsque les résultats tardent à se manifester. Elle vous encourage à continuer malgré les obstacles et à persévérer lorsque les choses deviennent difficiles.

Enfin, la remise en question constante et le désir de s'améliorer sont les forces motrices du progrès. Lorsque vous remettez en question vos méthodes et vos approches, vous vous assurez qu'elles sont toujours alignées sur votre objectif. Vous identifiez les domaines où vous pouvez vous améliorer et vous continuez à affiner vos compétences.

En conclusion, la voie vers le succès repose sur des actions réfléchies, des erreurs apprenantes, une recherche constante de connaissances, une application méthodique, la patience et l'engagement envers l'amélioration continue. Chaque pierre angulaire que vous placez renforce votre chemin vers la réalisation de vos aspirations, et chaque pas en avant, aussi petit soit-il, vous rapproche de votre destination.

D'où l'importance d'être passionné, d'avoir un pourquoi puissant, d'être en mission pour soi-même, d'avoir le goût de l'effort, de sortir de sa zone de confort, de croire en soi et en ses capacités, pour pouvoir naviguer à travers le processus de changement et de réussite, qui peut s'avérer être un voyage en montagne russes émotionnelles.

Assurément, le chemin vers le succès n'est pas une ligne droite, mais plutôt un sentier sinueux, avec des hauts et des bas. C'est là que la patience devient une vertu cruciale. Les résultats significatifs ne se produisent pas du jour au lendemain, et il est facile de se décourager si l'on ne voit pas immédiatement les fruits de ses efforts. C'est à ce moment-là que la passion et le pourquoi puissant entrent en jeu.

Avoir une passion brûlante pour votre objectif signifie que vous ressentez une profonde excitation et un engagement envers ce que vous voulez accomplir. Cela vous donne l'énergie nécessaire pour persévérer même lorsque les choses deviennent difficiles. Votre passion agit comme un carburant qui alimente votre désir de réussir et d'atteindre vos objectifs.

Votre "pourquoi" puissant agit comme une boussole intérieure. Il s'agit de la raison profonde qui vous pousse à agir, la source de votre motivation intrinsèque. Lorsque vous avez un "pourquoi" puissant, vous créez un lien émotionnel avec votre objectif, ce qui vous aide à rester concentré et engagé, même lorsque les obstacles semblent insurmontables.

Être en mission pour soi-même signifie que vous considérez votre objectif comme une quête personnelle, une aventure pour vous découvrir et vous réaliser pleinement. Cette perspective transforme votre parcours en une expérience profondément significative, où chaque étape devient une opportunité de croissance personnelle.

Le goût de l'effort et la volonté de sortir de sa zone de confort sont des facteurs clés. Le succès ne vient pas sans défis et sans efforts. En sortant de votre zone de confort, vous vous exposez à de nouvelles expériences et vous développez des compétences dont vous n'auriez pas pensé être capable. C'est dans ces moments que vous apprenez et grandissez le plus.

La croyance en soi et en ses capacités est l'étoile du nord de votre parcours. Si vous ne croyez pas en votre capacité à réussir, les obstacles sembleront insurmontables. Avoir confiance en vous vous permet de surmonter les doutes et les peurs qui peuvent surgir pendant le voyage. Cette confiance nourrit votre résilience et votre détermination.

Rappelez-vous, le succès n'est pas une destination fixe, mais plutôt une progression continue. Les résultats, qu'ils soient petits ou grands, se manifesteront au fil du temps. Chaque étape, chaque effort, chaque moment de persévérance vous rapproche de votre objectif. La satisfaction de chaque accomplissement, aussi modeste soit-il, renforce votre conviction que vous êtes sur la bonne voie. Avec le temps, cette satisfaction s'additionne et se transforme en un sentiment de bonheur profond et durable.

ÉTAPE 5

Comment se libérer de ses habitudes pour atteindre ses objectifs

Il est impossible d'obtenir des résultats différents en continuant à faire les mêmes choses. Si nos objectifs restent hors de portée, c'est inévitablement parce qu'il est nécessaire de modifier nos habitudes pour les atteindre. Nos habitudes constituent le fruit de nos actions répétées et sont celles qui dictent nos résultats. Pour réussir à atteindre de nouveaux objectifs, il devient donc impératif de changer nos habitudes, car celles que nous entretenons actuellement nous ont conduits là où nous nous trouvons aujourd'hui.

En effet, l'adage bien connu dit que la définition de la folie est de faire la même chose encore et encore en espérant obtenir des résultats différents. Cette vérité reflète le fait que si nous demeurons ancrés dans nos habitudes actuelles, il est peu probable que nous parvenions à atteindre de nouveaux résultats ou à réaliser des objectifs différents de ce que nous avons déjà accompli.

Nos habitudes sont le reflet de nos choix et de nos actions répétées au fil du temps. Elles définissent notre quotidien et tracent le chemin de nos réalisations. Si nous ne parvenons pas à réaliser nos aspirations, si nos objectifs restent hors de notre portée, il est nécessaire de regarder de près nos habitudes et de les considérer comme le pivot du changement. Nos habitudes actuelles ont agi comme des guides, nous ont menés à ce stade précis de notre parcours, qu'il soit fructueux ou non.

Cependant, pour avancer, il faut embrasser le changement. Pour réussir à réaliser de nouveaux objectifs, il devient primordial de remettre en question ces habitudes établies. Il faut les évaluer avec une perspective critique et identifier celles qui nous ont peut-être restreints, qui ont contrecarré nos avancées ou limité notre potentiel. Ensuite, nous devons nous engager à les transformer, à les remplacer par des actions plus alignées avec nos aspirations et nos ambitions.

Changer ses habitudes peut être une tâche intimidante et exigeante. Cela implique de sortir de notre zone de confort, d'affronter l'inconnu et de s'aventurer dans des territoires non explorés. Pourtant, c'est précisément ce pas audacieux qui est nécessaire pour libérer notre potentiel et ouvrir la porte à de nouvelles possibilités. En adoptant des habitudes différentes, en incorporant des actions plus en phase avec nos objectifs, nous préparons le terrain pour des résultats différents et plus gratifiants.

Pour résumer, nos habitudes sont l'épine dorsale de nos actions quotidiennes et de nos résultats. Si nos objectifs semblent inatteignables, il est crucial de remettre en question nos habitudes actuelles. Le changement des habitudes peut sembler difficile, mais c'est le moyen de déverrouiller de nouvelles opportunités et de réaliser des objectifs qui semblaient autrefois hors de portée. Le processus de changement d'habitudes demande de la réflexion, de l'engagement et de la persévérance, mais les fruits de cet effort sont des transformations durables et l'accomplissement de ce que nous désirons ardemment. L'entreprise de changer ses habitudes n'est pas dénuée de complexité, car elle implique de sortir de sa zone de confort et de s'engager dans des actions différentes de celles que nous avons l'habitude de mener. Pour ce faire, il est nécessaire de cultiver un état d'esprit proactif, c'est-à-dire d'adopter une attitude qui suscite les choses, qui va les chercher activement, qui rend notre propre responsabilité le sujet de nos souhaits, plutôt que de subir passivement les souhaits des autres. Bien que cela puisse paraître déconcertant au départ, ce changement est incontournable si l'on désire obtenir de nouveaux résultats.

Le processus de transformation des habitudes n'implique pas nécessairement de tout révolutionner du jour au lendemain. Au contraire, il s'agit d'une évolution progressive, d'un pas après l'autre, à notre propre rythme. Chaque petit progrès, chaque modification accomplie représente une étape victorieuse qui nous rapproche davantage de nos objectifs.

En effet, la transformation des habitudes est rarement une révolution instantanée, mais plutôt une série d'évolutions progressives. L'idée de tout changer du jour au lendemain peut sembler décourageante et même intimidante. Cependant, cette approche radicale n'est souvent pas réaliste ni durable. Au lieu de cela, il est plus efficace de considérer la transformation des habitudes comme un processus graduel, où chaque petit pas compte.

Changer des habitudes établies demande non seulement de l'effort, mais aussi du temps pour s'adapter et intégrer les nouvelles façons de faire dans notre vie quotidienne. C'est pourquoi il est important d'adopter une approche patiente et mesurée. Progresser à un rythme confortable permet de s'assurer que les changements sont plus susceptibles de s'enraciner profondément et de devenir des parties intégrantes de notre mode de vie.

Un aspect crucial de cette approche est la reconnaissance des petites victoires le long du chemin. Chaque modification que nous apportons à nos habitudes, même si elle semble minime, mérite d'être célébrée. Ces étapes sont les briques de base de notre progression vers nos objectifs, et elles contribuent à créer un sentiment de réussite et de satisfaction qui nous motive à continuer.

Considérez, par exemple, quelqu'un qui souhaite adopter une routine d'exercice régulière. Au lieu de s'imposer une séance d'entraînement intense dès le départ, il serait plus judicieux de commencer modestement et d'augmenter progressivement la fréquence et l'intensité des séances. Chaque jour où l'engagement envers l'exercice est respecté, quelle que soit la durée, devient une réalisation à célébrer. Cette approche fait en sorte que l'exercice devienne une habitude naturelle plutôt qu'une tâche décourageante.

De même, chaque changement que nous apportons à nos habitudes contribue à créer un effet cumulatif au fil du temps. Les petites améliorations s'additionnent pour créer un impact significatif sur notre chemin vers la réalisation de nos objectifs. Ce processus d'amélioration constante, bien que discret, peut aboutir à des résultats profonds et durables.

En fin de compte, la transformation des habitudes est un voyage qui demande de la patience et de l'engagement. Chaque pas que nous faisons dans la bonne direction, aussi petit soit-il, nous rapproche un peu plus de nos aspirations. En célébrant ces victoires modestes, nous entretenons notre motivation et nous renforçons notre détermination à poursuivre nos efforts. La progression graduelle, jalonnée de petites réussites, est la voie la plus solide et la plus durable pour atteindre nos objectifs et créer des changements significatifs dans notre vie. Ainsi, pour accéder à de nouveaux horizons et obtenir des résultats inédits, il nous faut être disposés à franchir les frontières de notre zone de confort et à altérer nos habitudes. Cette disposition est cruciale.

Pour parvenir à modifier nos habitudes, il est également crucial de réviser nos priorités et de transcender notre zone de confort, deux éléments impératifs pour transformer nos rêves en réalité. Tout d'abord, il est indispensable de réaligner nos priorités afin de pouvoir concentrer nos énergies sur ce qui compte réellement, sur ce qui nous mènera à notre objectif. Cela implique l'intégration de nouvelles méthodes, basées sur notre propre expérience ou celle d'autrui, ainsi qu'un changement de perspective. Cela pourrait signifier abandonner certaines activités, réorganiser notre emploi du temps, prendre des décisions difficiles, mais le résultat en vaut la peine, car cela nous rapproche de notre finalité, de notre « pourquoi".

Assurément, réviser nos priorités et sortir de notre zone de confort sont deux piliers fondamentaux pour parvenir à modifier nos habitudes et ainsi concrétiser nos rêves. Chacun de ces éléments joue un rôle essentiel dans le processus de transformation personnelle.

La révision de nos priorités consiste à faire un examen minutieux de ce qui occupe notre temps et notre énergie. Cela signifie identifier ce qui est vraiment important pour nous, ce qui nous rapproche de nos aspirations profondes, et être prêt à redéfinir nos engagements en conséquence. Il est courant de se laisser emporter par les tâches quotidiennes, souvent sans lien avec nos véritables objectifs. Réaligner nos priorités nécessite donc une prise de conscience de ce qui compte le plus et un engagement à consacrer une part significative de notre temps à ces aspects essentiels.

Ensuite, sortir de notre zone de confort est l'étape cruciale qui suit la révision de nos priorités. Notre zone de confort est l'ensemble d'habitudes et de comportements familiers qui nous procurent une certaine sécurité, mais qui nous empêchent également de progresser. Le changement demande un effort et une remise en question de ce qui est connu et confortable. Cela peut être terrifiant, mais c'est aussi la source de nouvelles opportunités et de croissance personnelle.

Sortir de sa zone de confort signifie essayer de nouvelles choses, explorer des territoires inconnus, relever des défis et accepter les risques. Cela peut être aussi simple que d'aborder une nouvelle compétence ou aussi audacieux que de prendre un virage professionnel majeur. Quoi qu'il en soit, cela implique d'embrasser l'inconfort, car c'est dans cet espace que la croissance se produit. Lorsque nous repoussons les limites de ce que nous connaissons, nous développons de nouvelles compétences, renforçons notre résilience et acquérons la confiance nécessaire pour surmonter les obstacles.

En combinant la révision de nos priorités avec le dépassement de notre zone de confort, nous créons un environnement propice à la modification de nos habitudes. Ces deux actions travaillent en tandem pour établir de nouvelles fondations sur lesquelles construire nos changements. La révision des priorités nous permet de clarifier ce qui est réellement important, tandis que la sortie de la zone de confort nous pousse à agir en conséquence.

En fin de compte, le processus de modification des habitudes nécessite de la détermination, de la discipline et de la persévérance. Réviser nos priorités et sortir de notre zone de confort peut sembler difficile, mais ce sont des étapes essentielles pour aligner nos actions sur nos aspirations. Lorsque nous avons le courage de faire ces changements, nous nous ouvrons la voie vers la réalisation de nos rêves et la création d'une vie plus alignée avec notre "pourquoi".

Pour conclure, le réaménagement de nos priorités et la rupture avec notre zone de confort sont des impératifs essentiels pour altérer nos habitudes et transformer les rêves en réalité. Ils nous permettent de concentrer nos efforts sur l'essentiel et d'explorer de nouvelles voies vers l'atteinte de notre objectif. L'absence de ces deux éléments nous prédispose à rester enlisés dans le confort familier, à entretenir les mêmes habitudes, et à contempler nos rêves rester à jamais de simples concepts inaccessibles.

En somme, le réaménagement de nos priorités et la rupture avec notre zone de confort sont les clés pour transformer nos rêves en réalité en modifiant nos habitudes. Ces étapes cruciales nous offrent une chance de véritablement vivre en accord avec nos aspirations les plus profondes. Elles agissent comme des catalyseurs de changement, nous poussant à passer de la simple intention à l'action concrète.

En réaménageant nos priorités, nous choisissons délibérément de dédier du temps et de l'énergie aux aspects de notre vie qui ont une résonance authentique avec nos objectifs. Cette démarche exige une honnêteté envers soi-même et une reconnaissance de ce qui est vraiment essentiel pour notre bien-être et notre épanouissement. En investissant nos ressources dans ces domaines clés, nous semons les graines du changement et nous créons un terrain fertile pour la réalisation de nos aspirations.

Cependant, cela ne suffit pas. Pour concrétiser nos rêves, nous devons également transcender notre zone de confort. C'est dans cette zone, où nous nous sentons en sécurité et à l'aise, que résident souvent nos habitudes familières. Sortir de cette zone exige du courage, de la détermination et une volonté de repousser nos limites. En embrassant l'inconnu et en prenant des risques calculés, nous élargissons notre perspective et découvrons de nouvelles possibilités.

En combinant ces deux éléments, nous créons un environnement propice au changement. Réaménager nos priorités et sortir de notre zone de confort permettent une synergie puissante qui pousse nos habitudes à évoluer dans la direction de nos aspirations. C'est une démarche qui demande de la patience et de la persévérance, car les habitudes profondément enracinées ne se modifient pas du jour au lendemain.

En fin de compte, le réaménagement de nos priorités et la rupture avec notre zone de confort sont des investissements en nous-mêmes. Ils nous poussent à grandir, à nous adapter et à créer une vie qui résonne avec notre essence la plus profonde. Si nous voulons vraiment transformer nos rêves en réalité, nous devons être prêts à faire ces choix audacieux.

Ainsi, en embrassant ces impératifs essentiels, nous nous lançons sur un chemin de changement, d'épanouissement et de réalisation personnelle. Nous devenons les auteurs de notre propre transformation, faisant de nos rêves une réalité tangible et vivante. Le réaménagement des priorités et la sortie de la zone de confort sont la clé qui nous ouvre la porte vers un avenir empreint de succès et d'accomplissement.

ÉTAPE 6

De l'intention à l'action : comment franchir le pas

Au seuil du sixième chapitre, vous avez accompli un voyage profond de découverte personnelle. L'introspection attentive vous a offert une vision claire de la personne que vous aspirez à devenir. Vous avez reconnu l'importance de la responsabilité, en comprenant que les erreurs passées sont des opportunités d'apprentissage précieuses pour transformer vos croyances limitantes en croyances positives. De plus, vous avez identifié votre "pourquoi" personnel, cette motivation profonde qui sera votre force motrice pour progresser en direction de vos objectifs. Armés de ces réflexions et d'une compréhension solide, vous êtes à présent prêts à franchir le seuil de l'action concrète.

Le sixième chapitre s'ouvre sur la notion fondamentale que l'intention sans action demeure incomplète. Vous avez posé les bases, mais maintenant vient le moment crucial de mettre en œuvre vos aspirations. Le passage de la réflexion à l'action demande du courage, de la persévérance et une vision claire de la direction que vous souhaitez prendre.

La métaphore du changement est telle celle d'un voyage vers un horizon radieux. Vous avez dessiné la carte en identifiant qui vous voulez devenir et pourquoi ce changement est essentiel pour vous. Maintenant, il est temps de hisser les voiles et d'entamer le périple, vous êtes désormais prêts pour passer à l'action.

Passer à l'action marque une étape décisive dans tout processus de changement. C'est à ce moment que vous transformez vos intentions en réalités tangibles. Cette étape exige une transition de la réflexion à l'exécution, où les idées prennent forme et où l'aspiration devient action concrète.

Au cœur de cette transition, il y a le besoin de remodeler vos habitudes. Les habitudes ancrées dans notre quotidien ont un impact profond sur nos résultats. En modifiant consciemment ces routines, vous remodelez la manière dont vous vous engagez avec le monde autour de vous. Évitez la procrastination, car l'action reportée est souvent l'action abandonnée. C'est le moment d'être proactif, de prendre l'initiative et d'avancer avec détermination.

Changer implique inévitablement de sortir de sa zone de confort. Votre zone de confort est ce territoire familier où vous vous sentez en sécurité, mais qui peut également limiter vos horizons. En franchissant ses limites, vous vous exposez à de nouvelles opportunités, de nouvelles expériences et à un potentiel de croissance illimité. Prendre des risques calculés est une façon de tester vos limites et de découvrir votre plein potentiel.

Lorsque vous agissez, il est inévitable que des erreurs surviennent. Cependant, ces erreurs ne doivent pas être perçues comme des échecs, mais plutôt comme des occasions d'apprentissage. Chaque erreur vous fournit un aperçu précieux sur ce qui fonctionne et ce qui ne fonctionne pas. Ce sont des moments qui vous permettent d'ajuster votre trajectoire et d'améliorer vos méthodes.

En effet, voir les erreurs comme des opportunités d'apprentissage est une perspective cruciale pour quiconque souhaite évoluer et réussir dans un processus de changement. Les erreurs sont souvent considérées à tort comme des signes de faiblesse ou d'échec, mais en réalité, elles sont des piliers fondamentaux du succès.

Les erreurs jouent un rôle essentiel dans notre croissance personnelle et professionnelle. Elles agissent comme des enseignants précieux qui nous révèlent des aspects que nous aurions peut-être ignorés autrement. Lorsque nous commettons une erreur, cela signifie simplement que nous sommes en train d'explorer de nouvelles voies, de tester des méthodes novatrices ou de repousser nos limites. Même si le résultat n'est pas celui que nous attendions, il s'agit d'une opportunité de compréhension et d'adaptation.

Chaque erreur est en réalité une étape vers l'amélioration continue. En identifiant ce qui n'a pas fonctionné, nous affinons notre compréhension de ce qui pourrait fonctionner à l'avenir. Cette prise de conscience nous donne l'occasion de réfléchir sur nos choix, nos actions et nos approches. Cela nous conduit à une meilleure compréhension de nous-mêmes, de nos forces et de nos zones à améliorer.

L'ajustement est une partie naturelle du processus de réussite. En intégrant les leçons tirées de nos erreurs passées, nous sommes mieux préparés à naviguer dans la bonne direction. L'erreur ne devient un échec que si nous refusons d'apprendre d'elle. Cependant, si nous analysons attentivement ce qui s'est produit, nous pouvons ajuster notre trajectoire et adopter des stratégies plus judicieuses.

Dans le contexte de la transformation personnelle, chaque erreur peut être perçue comme une brique supplémentaire dans la construction de la personne que vous souhaitez devenir. Lorsque vous prenez des mesures pour changer vos croyances limitantes, chaque erreur est une opportunité d'affiner votre chemin vers la positivité. En embrassant vos erreurs, en les utilisant comme tremplins vers l'amélioration et en restant ouvert à l'apprentissage continu, vous évoluez vers une version plus forte, plus résiliante et plus accomplie de vous-même.

Il est important de ne pas attendre d'être totalement prêt car cela ne viendra jamais. C'est en agissant que l'on apprend et que l'on se développe.

Assurément, l'attente de se sentir complètement prêt est souvent un piège dans lequel beaucoup d'entre nous tombent. L'idée de devoir être parfaitement préparé avant de passer à l'action peut paralyser nos efforts de changement et nous empêcher d'atteindre nos objectifs. En réalité, l'adage "l'action engendre la clarté" résume parfaitement cette notion.

Le perfectionnisme peut nous retenir, car il crée une barrière entre notre désir de changement et la réalité de l'accomplissement. En attendant d'avoir toutes les réponses ou de maîtriser chaque aspect d'une situation, nous perdons du temps précieux. En effet, personne ne naît expert dans un domaine, l'apprentissage et la maîtrise se produisent en cours de route, grâce à l'expérience.

L'action est le catalyseur qui débloque le potentiel d'apprentissage et de développement. C'est en faisant face aux défis, en tentant de nouvelles approches et en surmontant des obstacles que nous acquérons la compréhension et la confiance nécessaires pour progresser. Les erreurs, les échecs et les succès partiels sont autant d'opportunités d'apprentissage qui ne se présentent que lorsque nous prenons des mesures concrètes.

Considérez un athlète qui s'entraîne pour une compétition. Attendre d'être en parfaite condition physique avant de commencer l'entraînement signifierait ne jamais atteindre le niveau souhaité. C'est en commençant l'entraînement, même s'il est difficile au début, que l'athlète construit progressivement son endurance, sa force et ses compétences. De même, dans le processus de changement personnel, il est essentiel de commencer même si vous ne vous sentez pas complètement préparé.

En passant à l'action, vous accumulez des informations et des données d'expérience qui vous guideront dans vos futurs choix. Vous apprenez ce qui fonctionne et ce qui ne fonctionne pas, ce qui vous permet d'affiner vos approches au fil du temps. Vous constaterez peut-être que certaines idées que vous aviez en tête ne sont pas aussi efficaces dans la pratique, tandis que d'autres peuvent se révéler plus prometteuses que prévu.

En résumé, attendre d'être totalement prêt est souvent un obstacle à la réalisation de vos objectifs. L'action est le moyen d'exploration, d'apprentissage et d'adaptation. Ne pas laisser le perfectionnisme vous retenir. Acceptez l'incertitude et osez agir. C'est à travers l'action que vous développez votre compréhension, renforcez votre confiance et franchissez les étapes nécessaires pour atteindre vos aspirations de changement. Passer à l'action demande du courage et de la détermination, cela peut être intimidant, mais pas insurmontable, c'est également la seule façon de réaliser ses objectifs.

Comment faire concrètement pour passer à l'action ?

Passer à l'action peut prendre différentes formes en fonction de ses objectifs et de ses croyances limitantes.

Passer à l'action c'est d'abord commencer par une prise de conscience profonde de notre rôle en tant qu'architectes de notre propre vie. Reconnaître que nous avons le pouvoir de façonner notre destinée et de choisir la direction que nous souhaitons emprunter est une étape fondamentale vers la réalisation de nos objectifs.

Cette prise de conscience met en lumière le fait que nous ne sommes pas simplement des spectateurs passifs de notre propre existence. Nous ne sommes pas soumis aux circonstances extérieures ou aux forces qui semblent nous influencer. Au contraire, nous sommes les auteurs de notre propre récit. Nous détenons le pinceau pour peindre notre tableau et la plume pour écrire notre histoire.

Cela signifie que chaque décision que nous prenons, chaque action que nous entreprenons, est une pierre ajoutée à l'édifice que nous construisons. Chaque pas en avant dans notre processus de changement est une contribution personnelle à la création de la vie que nous désirons. Cette réalisation peut être à la fois inspirante et engageante, car elle nous rappelle que nous sommes les artisans de notre propre destin.

En prenant conscience de cette responsabilité, nous développons également un sentiment d'empowerment. Nous réalisons que notre situation actuelle n'est pas figée, mais plutôt une toile vierge sur laquelle nous pouvons peindre de nouvelles expériences, de nouveaux apprentissages et de nouvelles réalisations. Cela nous motive à agir, à explorer, à innover et à surmonter les obstacles qui se dressent sur notre chemin.

De plus, cette prise de conscience renforce notre engagement envers nos objectifs. Lorsque nous comprenons que chaque action que nous entreprenons nous rapproche un peu plus de nos aspirations, nous sommes plus susceptibles de persévérer malgré les défis. Chaque petite avancée devient une étape significative vers notre transformation, et chaque effort compte dans la construction de notre nouveau chemin.

En fin de compte, passer à l'action consiste à embrasser notre rôle actif dans la création de notre vie. Cela revient à reconnaître que nous sommes les artisans de notre propre succès, de nos réalisations et de nos expériences. Cette conscience nous motive à agir avec intention, à persévérer dans le processus de changement et à poursuivre notre voyage vers la réalisation de nos aspirations les plus profondes.

Passer à l'action c'est également entreprendre des recherches sur le domaine dans lequel on souhaite évoluer, en effet c'est une étape cruciale pour passer à l'action de manière efficace et informée. Lorsque nous cherchons à évoluer dans un domaine particulier, nous avons besoin de comprendre en profondeur les tenants et les aboutissants de ce domaine, ainsi que les meilleures pratiques et les dernières avancées. C'est une étape qui nous permet de bâtir une base solide de connaissances pour guider nos actions.

Les recherches ouvrent la porte à l'apprentissage continu et à l'expansion de nos horizons. Voici comment elles peuvent nous aider à franchir le pas et à avancer avec succès :

- **Compréhension approfondie :** En effectuant des recherches, nous obtenons une vision holistique du domaine dans lequel nous voulons évoluer. Cela nous permet de comprendre les différentes composantes, les défis courants, les meilleures pratiques et les tendances émergentes.

- **Développement des compétences :** Les recherches nous permettent de développer nos compétences et notre expertise dans le domaine choisi. Lorsque nous accumulons des connaissances approfondies, nous sommes mieux préparés pour prendre des décisions éclairées et agir de manière efficace.

- **Inspiration et idées nouvelles :** Lorsque nous explorons différentes sources d'information, nous pouvons être exposés à des idées nouvelles et innovantes. Cela peut stimuler notre créativité et nous inspirer à aborder nos objectifs d'une manière nouvelle et originale.

- **Adaptation aux changements :** Les domaines évoluent constamment, et il est important de rester au fait des dernières avancées. Les recherches nous aident à rester à jour et à nous adapter aux changements qui surviennent, ce qui est essentiel pour maintenir notre pertinence et notre efficacité.

- **Réduction des incertitudes :** Lorsque nous sommes bien informés, nous réduisons les incertitudes qui pourraient nous freiner. Nous sommes plus confiants dans nos décisions et plus aptes à relever les défis qui se présentent.

- **Identification des meilleures ressources :** Les recherches nous aident à identifier les ressources les plus pertinentes pour notre cheminement. Que ce soit des livres, des articles, des vidéos, des cours en ligne ou des mentors, nous pouvons tirer parti de l'expertise d'autrui pour accélérer notre progression.

- **Élargissement du réseau :** En participant à des événements liés au domaine ou en suivant des formations, nous avons l'occasion de rencontrer des personnes partageant les mêmes intérêts. Cela peut conduire à la création de réseaux professionnels précieux qui nous soutiennent dans notre parcours.

En somme, entreprendre des recherches représente une démarche proactive pour se doter des connaissances nécessaires à la réussite de notre objectif. Cela nous permet d'agir de manière informée, efficace et réfléchie, en nous basant sur des faits plutôt que sur des conjectures. En développant nos compétences et en restant à jour dans le domaine choisi, nous sommes mieux préparés à avancer avec confiance vers la réalisation de nos aspirations.

Enfin, passer à l'action implique de prendre des mesures concrètes et nécessite d'investir en soi-même, en développant ses compétences et connaissances.

En effet, investir en soi-même est l'un des moyens les plus puissants pour réussir à passer de l'intention à l'action de manière efficace. Cela revient à reconnaître que notre développement personnel et professionnel est une priorité, et que nous sommes prêts à allouer du temps, de l'effort et même des ressources financières pour y parvenir. Voici comment cet investissement en soi peut nous propulser vers nos objectifs :

- **Acquisition de compétences :** En lisant des livres, en suivant des formations en ligne ou en participant à des ateliers, nous sommes exposés à des connaissances et des compétences spécifiques à notre domaine d'intérêt. Ces compétences peuvent être cruciales pour agir de manière efficace et atteindre nos objectifs.

- **Confiance en soi :** Plus nous maîtrisons de compétences et de connaissances, plus notre confiance en nos capacités augmente. Cette confiance en soi est essentielle pour oser prendre des mesures audacieuses et sortir de notre zone de confort.

- **Élargissement des perspectives :** Interagir avec des mentors ou des personnes inspirantes dans notre domaine d'intérêt nous expose à des perspectives nouvelles et stimulantes. Cela peut nous aider à voir les choses sous un angle différent et à générer des idées innovantes pour progresser.

- **Surmonter les obstacles :** Le développement de compétences et de connaissances nous arme avec les outils nécessaires pour surmonter les obstacles qui se dressent sur notre chemin. Plutôt que de nous sentir démunis face aux défis, nous pouvons aborder chaque situation avec une approche proactive et résiliante.

- **Adaptabilité :** Les compétences et les connaissances que nous acquérons nous permettent de nous adapter plus rapidement aux changements et aux nouvelles situations. Cela nous rend plus aptes à saisir les opportunités qui se présentent et à relever les défis avec assurance.

- **Création de réseaux :** En investissant dans des formations ou des événements, nous avons la possibilité de rencontrer des personnes partageant les mêmes objectifs. Ces connexions peuvent évoluer en relations professionnelles précieuses, offrant des opportunités de collaboration et de soutien mutuel.

- **Engagement envers soi-même :** L'investissement en soi-même reflète un engagement envers nos propres aspirations. Cela nous incite à prendre au sérieux nos objectifs et à faire tout ce qui est en notre pouvoir pour les réaliser.

- **Évolution continue :** Le développement personnel et professionnel est un voyage sans fin. En investissant en nous-mêmes, nous adoptons une mentalité d'apprentissage continu, ce qui nous permet de rester pertinents et compétents dans un monde en constante évolution.

Investir en soi-même est un moyen de multiplier les opportunités de réussite. Cela nous dote des compétences, de la confiance et de la résilience nécessaires pour agir avec détermination et réaliser nos objectifs. En faisant de notre développement personnel une priorité, nous nous donnons les moyens de franchir le pas de l'intention à l'action de manière réfléchie et efficace.

Pour finir, l'adoption d'une attitude d'apprentissage continu est un catalyseur puissant pour transformer nos croyances limitantes en croyances positives et pour réaliser nos objectifs. Cette approche consiste à reconnaître que chaque jour est une opportunité d'apprendre quelque chose de nouveau, quel que soit notre niveau actuel de connaissances ou d'expérience. Voici comment cette mentalité peut nous propulser vers le succès :

- **Élargissement des horizons :** Garder l'esprit ouvert signifie être prêt à remettre en question nos croyances existantes et à considérer de nouvelles perspectives. Cela nous permet de sortir des schémas de pensée restreints et de découvrir des opportunités que nous n'avions peut-être pas envisagées auparavant.

- **Recherche constante :** Être en quête permanente d'informations et de connaissances signifie être actif dans la recherche d'opportunités d'apprentissage. Cela peut se traduire par la lecture de livres, la participation à des conférences, la consultation d'articles en ligne, l'écoute de podcasts pertinents, etc. Chaque nouvelle source d'information peut contribuer à élargir notre base de connaissances.

- **Apprendre des autres :** Écouter les expériences et les histoires des autres peut être incroyablement instructif. Nous pouvons apprendre des succès et des échecs des autres, obtenir des conseils pratiques et gagner en perspicacité sur la manière de surmonter les obstacles.

- **Évitement des erreurs :** L'apprentissage continu nous permet de tirer des leçons des erreurs des autres. Cela nous épargne d'avoir à faire les mêmes erreurs par nous-mêmes. En intégrant les enseignements tirés des expériences d'autrui, nous pouvons éviter les écueils courants et progresser de manière plus fluide vers nos objectifs.

- **Adaptation rapide :** Dans un monde en constante évolution, la capacité de s'adapter rapidement est cruciale. L'apprentissage continu nous permet d'assimiler de nouvelles informations et de les appliquer rapidement à nos efforts. Cela nous permet de saisir les opportunités au moment opportun.

- **Développement de compétences :** Que ce soit dans notre carrière, nos loisirs ou nos relations, l'apprentissage continu nous aide à développer de nouvelles compétences. Cela peut nous rendre plus polyvalents et nous permettre d'explorer de nouveaux domaines avec confiance.

- **Prise de décision éclairée :** Plus nous accumulons de connaissances et d'informations, plus nos décisions deviennent informées et réfléchies. Cela peut réduire le risque d'erreurs coûteuses et contribuer à des résultats plus positifs.

- **Confiance en soi :** Lorsque nous constatons nos propres progrès et le développement de nouvelles compétences, notre confiance en nous augmente naturellement. Cela nous incite à relever de nouveaux défis avec enthousiasme et conviction.

En somme, l'apprentissage continu est un moyen d'exploiter notre potentiel au maximum. C'est un rappel constant que nous sommes en évolution et que nous avons la capacité d'apprendre et de grandir à tout moment. En cultivant cette mentalité, nous renforçons notre agilité mentale, nous nous préparons mieux à l'avenir et nous nous mettons en position de réaliser nos rêves et d'atteindre nos objectifs avec succès.

En clôture de ce sixième chapitre, il est indéniable que le passage de l'intention à l'action est une étape cruciale dans le parcours vers la réalisation de nos aspirations les plus profondes. L'action est le moteur qui concrétise les rêves en réalité, qui transforme les pensées en accomplissements tangibles. Lorsque nous embrassons cette étape avec enthousiasme et une soif d'apprendre, nous nous ouvrons à un monde d'opportunités.

Le désir de changer, de grandir et d'atteindre nos objectifs doit être associé à une quête constante de connaissances et d'apprentissage. Le processus d'évolution personnelle ne peut être limité à nos propres expériences ; il doit s'étendre à l'expérience des autres. Apprendre des succès et des revers d'autrui nous permet de naviguer avec prudence et perspicacité sur notre propre chemin.

En effet, notre propre croissance nécessite une honnêteté intrépide. Écouter nos erreurs, identifier nos défis et travailler sur nos lacunes sont des éléments essentiels de cette aventure. L'humilité de reconnaître que nous ne savons pas tout et que nous pouvons toujours nous améliorer nous pousse à évoluer de manière continue.

En embrassant l'apprentissage, en cherchant la sagesse dans chaque expérience et en nous ouvrant à de nouvelles connaissances, nous nous équipons pour dépasser nos limites et embrasser notre potentiel maximal. Lorsque nous choisissons d'apprendre, de grandir et d'évoluer, nous prenons le contrôle de notre destinée et nous devenons les architectes de notre propre succès.

En fin de compte, en passant de l'intention à l'action, en favorisant l'apprentissage et l'ouverture d'esprit, nous nous donnons les moyens de transformer nos rêves en une réalité florissante. En nous engageant dans ce processus, nous devenons des versions améliorées de nous-mêmes, prêtes à embrasser chaque opportunité et à réaliser chaque objectif avec détermination. Ainsi, que notre curiosité soit notre boussole et que notre désir d'apprendre soit notre carburant pour avancer vers une vie épanouissante et remplie de succès. Alors, soyons curieux, restons ouverts et apprenons de tout ce qui nous entoure pour devenir la meilleure version de nous-mêmes.

La discipline, la constance, la répétition et la persévérance : pourquoi est-ce important pour réussir son changement de manière durable ?

La transformation personnelle à long terme, telle qu'évoquée dans ce dernier chapitre, est profonde et significative. Elle transcende les changements superficiels ou temporaires que l'on peut apporter à notre vie. Pour réussir de manière durable, il est essentiel de comprendre que cette transformation repose sur une véritable métamorphose de notre être intérieur, de notre façon de penser, de nos priorités et de nos habitudes.

Imaginez que votre esprit est comme un jardin où poussent des plantes, représentant vos pensées, vos croyances, et vos habitudes. Certaines de ces plantes peuvent être bénéfiques, tandis que d'autres peuvent être néfastes. Pour réussir un changement durable, il ne suffit pas de tailler les branches des plantes néfastes, il faut les arracher depuis leurs racines, c'est-à-dire transformer la manière dont vous pensez.

Cette transformation profonde vous amène à remettre en question vos croyances limitantes, à réévaluer vos priorités, et à adopter de nouvelles habitudes qui sont en accord avec vos objectifs. Elle va au-delà de simples ajustements de surface. Elle exige un engagement sincère envers le changement et une volonté de remettre en question vos schémas de pensée habituels.

La véritable transformation personnelle à long terme se produit à l'intérieur de soi-même, là où vous travaillez sur vos pensées, vos émotions, et vos habitudes.

Pour réussir de manière durable, vous devez être prêt à plonger profondément dans votre moi intérieur, à explorer vos convictions les plus profondes et à les remettre en question si nécessaire. C'est un processus qui demande du temps, de la réflexion, et de l'effort, mais il est nécessaire pour que le changement soit véritablement durable.

En effet, la réussite durable provient de cette transformation intérieure. En modifiant la manière dont vous pensez, en redéfinissant vos priorités, et en instaurant de nouvelles habitudes positives, vous créez un socle solide pour atteindre vos objectifs et pour vivre une vie en harmonie avec votre véritable moi. C'est là que résident les clés d'une réussite qui perdurera au fil du temps.

L'analogie de l'iceberg est une métaphore puissante pour illustrer le processus de changement personnel à long terme. Comme vous l'avez compris, le changement commence toujours à l'intérieur de nous, dans le domaine de notre pensée, de nos valeurs et de nos habitudes, bien avant qu'il ne devienne visible à l'extérieur. Voici pourquoi cette métaphore est si pertinente :

- **La partie visible de l'iceberg :** Cette partie correspond aux résultats tangibles et visibles de votre transformation personnelle. Cela pourrait être votre nouvelle carrière réussie, vos relations épanouissantes, ou votre meilleure santé physique. Ces réalisations sont le fruit de changements internes profonds que vous avez entrepris au fil du temps.

- **La partie cachée de l'iceberg :** Sous la surface se trouvent les aspects invisibles de votre transformation. C'est là où se déroule la véritable métamorphose. Vous travaillez sur la modification de vos croyances, la réévaluation de vos priorités, et l'instauration de nouvelles habitudes. Vous remettez en question vos peurs, vos doutes, et vos limites personnelles. C'est un processus souvent exigeant et introspectif, mais essentiel pour le changement durable.

- **Le temps nécessaire :** Tout comme un iceberg met du temps à émerger à la surface, votre transformation personnelle demande également de la patience. Les changements internes ne se produisent pas du jour au lendemain. Ils résultent de l'effort constant et de la persévérance dans l'amélioration de soi. Les résultats visibles, qu'il s'agisse de succès professionnels, de relations épanouies ou d'un bien-être accru, ne se manifestent qu'après des mois, voire des années, de travail intérieur.

- **La persévérance :** L'analogie de l'iceberg rappelle également l'importance de la persévérance. De la même manière qu'un iceberg ne cesse de grandir sous la surface, vous devez continuer à travailler sur vous-même et à maintenir vos nouvelles habitudes même lorsque les résultats ne sont pas encore évidents. C'est cette constance qui finit par conduire à des changements significatifs et durables.

En résumé, l'analogie de l'iceberg souligne que le changement profond commence à l'intérieur de nous, dans nos pensées et nos habitudes. Il se déroule lentement, nécessite de la persévérance et n'est visible à l'extérieur que bien après que nous ayons fait ces ajustements internes. En comprenant cette métaphore, nous sommes mieux préparés à embrasser le processus de transformation personnelle avec patience et détermination, en gardant toujours à l'esprit que les changements intérieurs sont le fondement de la réussite à long terme.

Cultiver ces quatre qualités – la discipline, la constance, la répétition et la persévérance – est essentiel pour que les changements internes deviennent durables :

- **La discipline :** La discipline consiste à se fixer des règles et à s'y tenir, même lorsque cela demande des efforts. Dans le contexte de la transformation personnelle, cela signifie que vous définissez consciemment des objectifs et des actions à entreprendre pour changer vos habitudes et vos priorités. Vous vous engagez à respecter ces règles, même lorsque la motivation faiblit. Par exemple, si votre objectif est de devenir plus actif physiquement, vous pouvez vous discipliner pour faire de l'exercice régulièrement, même lorsque vous préféreriez rester au lit.

- **La constance :** La constance est la capacité à maintenir un effort sur le long terme, sans se décourager ni se laisser distraire. Cela signifie que vous restez fidèle à vos engagements, même lorsque les résultats ne sont pas immédiatement visibles. Par exemple, si vous avez décidé de développer une nouvelle compétence, comme jouer d'un instrument de musique, la constance vous pousse à pratiquer quotidiennement, même si vous ne jouez pas encore comme un professionnel.

- **La répétition :** La répétition consiste à refaire une action ou une tâche plusieurs fois, jusqu'à ce qu'elle devienne automatique ou qu'elle soit parfaitement maîtrisée. C'est grâce à la répétition que les nouvelles habitudes s'ancrent dans votre vie. Si vous souhaitez, par exemple, devenir plus organisé, vous devez répéter des routines d'organisation chaque jour jusqu'à ce qu'elles fassent naturellement partie de votre quotidien.

- **La persévérance :** La persévérance est la capacité à continuer malgré les échecs et les difficultés, en gardant toujours en tête votre objectif final. Lorsque des obstacles se dressent sur votre chemin, la persévérance vous pousse à les surmonter plutôt que d'abandonner. C'est un élément clé pour faire face aux moments difficiles, qui inévitablement se produisent lors de tout processus de changement. Par exemple, si vous entreprenez de créer votre propre entreprise, la persévérance vous aide à surmonter les échecs initiaux et à persister jusqu'à la réussite.

- En combinant ces quatre qualités, vous développez une base solide pour le changement durable. La discipline vous aide à établir des règles claires, la constance maintient votre effort sur la durée, la répétition ancre de nouvelles habitudes et la persévérance vous permet de surmonter les obstacles. Ensemble, elles agissent comme un moteur puissant pour transformer votre manière de penser, vos priorités et vos habitudes de manière profonde et durable. Ces qualités sont essentielles pour créer une vie qui reflète vos valeurs et vos objectifs, même lorsque le chemin vers cette réalité peut sembler difficile.

Pour comprendre la nécessité de la persévérance, de la discipline et de l'effort dans le processus de transformation personnelle, il est indispensable de comprendre les idées suivantes :

- **Efforts, Persévérance et Discipline :** Le changement, en particulier le changement profond, demande un engagement envers l'effort constant. Cela ne se produit pas du jour au lendemain, et il y aura inévitablement des hauts et des bas en cours de route. La persévérance est la clé pour surmonter ces défis et continuer à avancer, même lorsque la motivation diminue. La discipline nous aide à maintenir le cap sur nos objectifs, à garder le cap malgré les distractions et les tentations, et à maintenir des routines bénéfiques.

- **Choix Alignés sur les Valeurs et les Objectifs :** Pour mener une vie authentique et épanouissante, il est essentiel de faire des choix qui sont en harmonie avec nos valeurs et nos objectifs personnels. Cela signifie parfois prendre des décisions difficiles qui vont à l'encontre des attentes des autres ou des normes sociales. La persévérance est nécessaire pour rester fidèle à ces choix, même lorsque cela devient inconfortable.

- **Éviter les Regrets :** Le regret est un sentiment puissant qui peut surgir lorsque nous réalisons que nous avons manqué des opportunités ou négligé nos aspirations. En investissant le temps et les efforts nécessaires pour changer nos habitudes et nos priorités, nous réduisons le risque de ressentir ces regrets plus tard dans la vie. C'est une motivation importante pour maintenir la persévérance, même lorsque les défis semblent insurmontables.

- **Alignement avec l'Authenticité :** Sortir de sa zone de confort et changer ses habitudes peut être inconfortable, mais cela nous rapproche de notre authenticité. C'est lorsque nous vivons en harmonie avec qui nous sommes vraiment que nous ressentons un profond sentiment d'accomplissement et de bonheur. Cette satisfaction provient du fait que nous suivons notre propre chemin plutôt que de suivre les attentes ou les chemins tracés par d'autres.

- **L'Investissement en Soi :** Le processus de transformation personnelle est essentiellement un investissement en soi-même. Cela signifie que nous croyons que nous méritons une vie meilleure et plus épanouissante. C'est un acte d'amour envers nous-mêmes que de mettre en œuvre ces changements.

En fin de compte, le voyage vers une meilleure version de soi-même est un voyage exigeant, mais il est riche en récompenses. En persévérant, en faisant preuve de discipline et en restant fidèle à nos choix alignés sur nos valeurs, nous pouvons vraiment créer une vie qui est à la hauteur de nos aspirations les plus profondes. Cette vie authentique et épanouissante est le fruit de nos efforts soutenus et nous évite les regrets futurs qui viendraient avec le sentiment que nous aurions pu faire mieux si nous avions investi le temps et l'énergie nécessaires pour changer nos habitudes et nos priorités.

CONCLUSION

Tout au long de ce livre, nous avons vu que le passage du rêve à la réalité nécessite plusieurs étapes et qualités. Il ne suffit pas d'avoir simplement un objectif ou un rêve en tête, mais il faut également avoir la discipline, la constance, la répétition, la persévérance et la proactivité pour le réaliser.

Nous avons également vu que le changement commence par un changement de paradigme intérieur, qui se reflète ensuite à l'extérieur et devient concret. Comme le système de l'iceberg, ce qui est visible à l'extérieur est seulement la partie émergée de l'ensemble, la majeure partie étant cachée sous l'eau.

Il est donc important de travailler sur soi-même pour avoir une vision claire de nos priorités et de sortir de notre zone de confort pour atteindre nos objectifs. Il est également essentiel d'écouter les autres, d'apprendre de leurs expériences, de changer ses habitudes et de se concentrer sur l'effort plutôt que sur le résultat.

Le temps est également un élément crucial dans ce processus de transformation. Il faut être patient et comprendre que les résultats n'arriveront pas du jour au lendemain. Il est important de rester constant et persévérant, de ne pas se décourager en cas d'échec et de continuer à travailler pour atteindre nos objectifs.

Enfin, nous avons vu que pour réussir à passer du rêve à la réalité, il est important d'être la meilleure version de soi-même, de vivre une vie en adéquation avec nos valeurs et nos priorités, afin de ne pas nourrir de regrets plus tard.

En somme, le passage du rêve à la réalité nécessite du travail, de la patience, de la persévérance et une remise en question de nos habitudes et de nos priorités. Cela demande des efforts, mais c'est le prix à payer pour vivre une vie épanouissante et accomplie. Je vous souhaite donc bonne chance dans votre parcours pour atteindre vos objectifs et réaliser vos rêves.